Zum Buch:

In dieser Sammlung sind Eingebungen notiert, die Anand von 2003 bis 2008 von der „Quelle" erhalten hat mit dem Auftrag, sie zu veröffentlichen. Sie dienen dazu, spirituelles Wissen über das Leben und die Vollendung zugänglich zu machen und die Erkenntnis über das eigene Sein zu erleichtern.

Als „Quelle" bezeichnet Anand den Ursprung allen Seins, das Universum, aus dem alles hervorgeht und aus dem alles besteht. Die Eingebungen erfolgten wie eine Art Diktat, begleitet von einem unbeschreiblichen Glücksgefühl.

Über die Autorin:

Anand I. Ehring (1961) lebt in Deutschland. Neben ihrer Arbeit als Software-Entwicklerin wirkt sie als Musikerin, Fotokünstlerin, Malerin, Schriftstellerin und spirituelle Begleiterin.
Ihr Leben ist der Meditation und dem Licht gewidmet. Der Name Anand kommt aus dem Sanskrit und bedeutet „Glückseligkeit".
Mehr Info: www.anand-ehring.de

ANAND I. EHRING

Das Kleine Buch vom Universum

MEDITATIVE EINGEBUNGEN

Bibliografische Information der Deutschen Bibliothek: Die Deutsche Bibliothek verzeichnet diese Publikation in der Deutschen Nationalbibliografie; detaillierte bibliografische Daten sind im Internet über <http://dnb.ddb.de> abrufbar.

© 2009 Anand I. Ehring

Herstellung und Verlag: Books on Demand GmbH, Norderstedt

Umschlaggestaltung, Satz und Layout: Anand I. Ehring

Internet: www.anand-ehring.de

ISBN: 978-3-8370-9396-4

INHALT

DAS KLEINE BUCH VOM UNIVERSUM

Du hältst dieses Buch jetzt in Deiner Hand. Hast Du Lust, es zu lesen? Dann kam es zur rechten Zeit an den rechten Ort, nämlich zu Dir. Oder hast Du es geschenkt bekommen, weil jemand Dir etwas unterjubeln will? Weil jemand Dir etwas weismachen will? Dann prüfe genau, ob Du es wirklich lesen möchtest. Du bist vollkommen in Ordnung, so wie Du bist, auch ohne dieses Buch.

Glaube nichts, was Du nicht selbst fühlst, sondern lass Dich durch die Worte inspirieren. Wenn Du etwas liest und in Dir sagt eine Stimme „ja, das ist wahr", dann lass es in Dich eindringen, lass Dich erfüllen davon. Und wenn die Stimme sagt „nein, das stimmt nicht für mich", dann achte auf Dich. Niemand kennt Deine eigene Wahrheit besser als Du selbst.

Vielleicht öffnen sich in Dir beim Lesen dieses Kleinen Buches ein paar Fenster und Türen. Vielleicht siehst Du plötzlich andere Zusammenhänge. Vielleicht wirst Du heller und leichter.

Ich wünsche Dir viel Freude damit!

Anand

ES GIBT DREI BAUSTEINE FÜR DIE HEILUNG

- Psychotherapie – um das Chaos zu erkennen, um dem Schmerz Namen zu geben, um das Kind zu finden,

- Meditation – um die Stille kennen zu lernen, um zu erfahren, was jenseits des Verstandes ist, um sich an die Leere zu erinnern,

- Das Vertrauen darauf, dass alles richtig so ist, wie es ist. Nichts ist getrennt, alles ist Eins. Die Realität des Verstandes ist Illusion.

DIE SUBSTANZ
DES UNIVERSUMS

Alles besteht aus der gleichen Substanz. Sie ist für den Verstand nicht begreifbar. Namen benennen immer nur einen Teil vom Ganzen.

Diese Substanz ist für die Augen unsichtbar, für die Ohren unhörbar, sinnlich nicht erfassbar, und doch kann sie wahrgenommen werden.

NAMEN FÜR DIE SUBSTANZ

Liebe

Leere

Das Nichts

Glückseligkeit

All-Eins

Licht

Das Göttliche

Ur-Energie

Das Absolute

PARADOX (1)

Alles, was es im Universum gibt, besteht aus der gleichen Substanz wie das Universum selbst.

Alles im Universum besteht aus dem Universum.

In jedem Einzelteil zeigt sich das Universum in seiner Vollkommenheit. Das Einzelteil ist das Gleiche wie das Universum.

Es gibt keine Einzelteile, alles ist Eins, und eins ist Alles.

Du bewegst Dich im Universum und bist gleichzeitig das Universum selbst.

Es gibt keine Summe aller Teile, weil das Teil schon das Ganze ist.

Nichts fehlt, nichts ist zu viel.

WARUM GIBT ES DIE WELT?

Das Universum als reines Nichts ist glückselig. Es ist. Es gibt keine Trennung, denn alles ist Eins.

Um sich selbst wahrzunehmen, erschafft das Universum die Trennung. Es ist ein Spiel, eine Illusion.

Ab jetzt existiert in diesem Spiel Raum und Zeit. Ich und Du, hier und dort, drinnen und draußen, Licht und Schatten. Ab jetzt gibt es eine Instanz, die bestimmt, was dies und das ist, die urteilt, einen Verstand, der versteht.

In diese Welt setzt das Universum Abbilder seiner selbst, so vielfältig wie es selbst. Jedes dieser Abbilder lebt in Raum und Zeit, in Licht und Schatten, und hat einen Verstand, um all dies zu beurteilen.

Die Illusion der Trennung fühlt sich für jedes Abbild vollkommen real an. Trotzdem gibt es die Erinnerung an den Ursprung, jenseits des Verstandes.

ERKENNEN

In dem Moment, wo ein Mensch jenseits des Verstandes erkennt, dass er nicht getrennt ist, dass er das Universum selbst ist, hört er auf, in der vorherigen Form zu existieren.

Er ist weiter da, in allem.

Er verschwindet als „Ich".

Es existiert kein von der Welt getrenntes Ich.

Durch das Erkennen hat sich nichts verändert. Der erwachte Mensch ist sich lediglich bewusst, dass es kein „Ich" gibt.

Für ihn ändert sich dadurch die gesamte Wahrnehmung, ähnlich wie im Tod.

DER MOMENT - DIE EWIGKEIT

Ein erwachter Mensch nimmt den Moment wahr. Raum und Zeit existieren nicht. Die Fülle des Moments ist unendlich, der Moment enthält das gesamte Universum.

Das Bewusstsein des erwachten Menschen ist in der Lage, sich dem Moment hinzugeben.

Die Wahrnehmung ist verändert, unvorstellbar drastisch verändert.

Die Fülle des Moments ist wie eine Explosion, die sich in unendlicher Intensität verteilt.

Alles wird wahrgenommen, jenseits des Verstandes, jenseits der Sinne. Das gesamte Universum wird im Moment wahrgenommen.

Im Moment zeigt sich die Dimension des Jenseitigen: Das Ewige.

Das Kronenchakra
wird zur Quelle

In der Dämmerung des Erwachens öffnen sich die Chakren. Sie sind spürbar, so lange sie sich öffnen. Wenn sie ganz geöffnet sind und die Energie ungehindert hindurch fließt, werden sie nicht mehr direkt gespürt.

Das Kronenchakra öffnet sich zunächst vertikal nach oben. Es ist die ätherische Nabelschnur, durch die trotz der Illusion der Trennung die Verbindung mit dem Universum gespürt wird.

Je wacher der Mensch wird, desto breiter öffnet sich das Kronenchakra, und desto leichter fließt das Licht durch ihn. Es ist wichtig, dass sich dabei alle Chakren öffnen.

Im Moment des Erwachens öffnet sich das Kronenchakra so weit, dass es einen Kreis / eine Kugel bildet. Diese Kugel fährt ewig fort, sich zu öffnen, wie eine sanfte, gewaltige Explosion. Die gesamte Unendlichkeit ergießt sich nun aus dem Kronenchakra, und der Mensch leuchtet und strahlt das unendliche Licht aus. Sein „Ich" ist verschwunden.

DIE GEDANKEN

Alles ist gut und richtig so, wie es ist. Die Aufgabe des Verstandes ist es, Gedanken zu erzeugen. So wie sich das Universum ständig selbst erschafft, erschaffen die Gedanken ständig Realitäten, neue Illusionen und Verknüpfungen in dieser Welt der Trennung.

Auch im erwachten Zustand funktioniert der Verstand weiter gemäß seiner Aufgabe. Er wird lediglich als Spiel in der Welt der Trennung erkannt.

Ab jetzt, wo der Mensch von Licht, Nichts, Glückseligkeit und Leere erfüllt ist, erzeugt der Verstand lichtvolle Gedanken, die in dieser Welt lichtvolle Realitäten erzeugen. Der Verstand denkt: „Was ich sehe, ist gut". Er beobachtet, ohne Verbindungen / Urteile herzustellen. Er hat immer weniger zu tun, kann dadurch seine Lebensfunktionen besser erfüllen und ruht sich oft vollkommen gedankenlos aus.

EXPLOSION
ODER STUFEN?

Beim Erwachen geschieht beides. Zuerst die immer wiederkehrenden kleinen hellen Momente, in denen alles plötzlich ungefiltert erkannt wird. Sie werden schnell vom Verstand als unverständlich eingeordnet und verdrängt. Trotzdem kommen sie immer wieder.

Und irgendwann kommt die Explosion, der helle Moment dehnt sich zur Ewigkeit aus und bleibt.

Das ist ein Schock, der Verstand begreift das Sterben und tut alles, um es zu verhindern. Zu spät, es ist passiert.

Trotzdem versucht er es noch ein paar mal. Die Anfangszeit ist trotz der absoluten Klarheit wirr, weil das Erwachen so absolut jenseitig ist, und Körper, Verstand und Gefühl sich trotzdem in dieser Welt der Trennung bewegen. Alles funktioniert noch, sogar besser als zuvor, und doch gibt es kein Ich mehr.

Keine Bindung mehr, keine Bezogenheit mehr. Keine Trennung mehr, nichts ist mehr wichtiger als etwas anderes.

Jetzt ist es umgekehrt: Kleine eingeschlafene Momente durchziehen das Wachsein.

Je nach Stärke des Verstandes und vielleicht auch der Umwelt können die eingeschlafenen Momente eine Weile dauern. Und dann explodiert wieder das Erkennen, die Erinnerung an das, was ist.

Weil das, was vorher war, nicht mehr funktioniert. Die Illusionen sind enttarnt, die Wahrnehmung des Ganzen kann nicht mehr verleugnet werden.

Das Erwachen passiert also als einmalige Explosion und trotzdem in Stufen.

So individuell und einzigartig, wie alles im Universum ist, so individuell ist auch das Erwachen jedes Menschen. Und auch was danach geschieht, ist so vielfältig wie das Universum selbst.

DIE VIELFALT

Als sich das Universum in dieser Welt der Trennung selbst erschaffen hat, hat es eine weitere Unendlichkeit erschaffen. Alles was es gibt ist ein Aspekt des Universums, und deshalb gleicht kein Teil dem anderen.

PARADOX (2)

Alle Teile zusammen stellen das gesamte Universum in seiner unendlichen Vielfalt dar. Und trotzdem enthält jedes einzelne Teil das gesamte Universum, nichts fehlt, nichts ist zu viel.

Denn alles besteht aus der gleichen Substanz, und jedes winzigste Minimum dieser Substanz enthält das gesamte Universum.

DAS WERKZEUG

Da der erwachte Mensch kein Ich mehr hat, das für sich selbst etwas wollen könnte, und da das Licht ungehindert durch ihn fließt, ist er ein Werkzeug für die Unendlichkeit. Er existiert zwischen der Welt der Trennung und der Leere. Er gibt sich vollkommen hin an das was ist. Die Leere handelt durch ihn in der Welt der Trennung. Es ist ein Nicht-Handeln. Es ist die reine Liebe.

Vielleicht sehen die schlafenden, in der Illusion der Trennung lebenden Menschen in ihren hellen Momenten das Licht des Erwachten und erfahren, dass es etwas jenseits der Welt der Trennung gibt.

Vielleicht erinnern sie sich dann an ihren Ursprung in der glückseligen Leere.

Das Ziel des Universums ist es, wieder alles zu vereinen. So lange noch ein Mensch mit seinen Gedanken die Welt der Trennung erschafft, gibt es sie. Die Werkzeuge helfen durch ihre Liebe und Hingabe beim Vereinen alles vermeintlich Getrennten.

ERSCHRECKEN
UND EHRFURCHT

Wenn ein Wesen aus der Welt der Trennung die unendliche Leere erkennt, ist das ein absoluter Schock. Denn hier gilt nichts mehr, was vorher galt. Es gibt keine Emotion, keine Bindung, nur das Absolute, die Leere. Die reine Liebe ist unerträglich für ein schlafendes Wesen in der Welt der Trennung.

Das schlafende Wesen kann sich nur den in seiner Welt existierenden getrennten Teilen hingeben, niemals dem Ganzen.

Das schlafende Wesen kann Bilder verstehen. Die reine Wahrheit besteht aus Leere, Hingabe, Nicht-Handeln – dies kennt das schlafende Wesen nicht. Wenn es das Absolute erkennt, erkennt es sein eigenes Nicht-sein und begegnet dem Tod.

TOD – PARADOX (3)

Der Tod ist all-gegenwärtig, er ist das Leben selbst, er ist alles, was es gibt, er ist das Universum.

Nichts verschwindet, sondern alles verändert sich ständig. Alles wechselt seine Form, und die Formen sind Illusion. Was wechselt die Form? Das Universum. Denn es hat ja die Illusion der Formen erschaffen, um darin zu spielen. Der Tod ist das Spiel des Universums. Das Wechseln der Formen gehört zur Illusion der Welt der Trennung. Jede Sekunde begräbt ihre Vorgängerin und stirbt dann selbst. Tod und Leben sind eins. Was geboren wird, stirbt. Was Geburt und Tod erlebt und beobachtet, existiert ewig.

Sogar das, was beobachtet, existiert nicht, denn es gibt kein Ich, das beobachten könnte. Der Tod ist die Hingabe, die Rückkehr zum Ursprung, und trotzdem gibt es ihn nicht, da die Trennung nur Illusion ist.

WORTE SIND BILDER

Alle hier geschriebenen Worte sind Bilder. Worte existieren nur in der Welt der Trennung. Es ist unmöglich, mit Bestandteilen aus der Welt der Trennung die unendliche Leere bzw. Fülle zu beschreiben.

Die Wahrnehmung eines erwachten Menschen hat sich verändert, und was er erkennt, kann er niemandem vermitteln, der es nicht erkennt. Er kann nur versuchen, Brücken zu bauen. Brücken, die in der Trennung beginnen und in der Auflösung der Trennung enden. Die Brücke zu bauen ist keine Handlung, sie ist schon da. Nicht die Worte des Erwachten führen die Erwachenden, sondern seine Liebe. Die Worte sind nur Illusion, um die Erwachenden zu berühren.

Die gesamte Illusion der Welt der Trennung besteht aus Bildern und Vorstellungen.

LEERE UND FÜLLE - PARADOX (4)

In der unendlichen Leere ist die unendliche Fülle.

Gib Dich unendlich hin und lass unendlich los, dann erhältst Du unendlich viel. Nichts gehört Dir, Eigentum ist Illusion. Du bist Alles = Nichts.

Atme aus, um wieder einzuatmen ...

So lange Du an Deiner Tropfenform fest hältst, brauchst Du Deine Energie, um die Oberflächenspannung aufrecht zu erhalten. Du glaubst, das Bisschen Wasser im Tropfen seist Du.

Wenn Du in den Ozean fällst, verlierst Du Dein Ich, Deine Grenzen. Und plötzlich bist Du Bestandteil des gesamten, unvorstellbar großen Ozeans! Das ist viel mehr als ein Tropfen!

Du hast Dich verloren – die Leere. Und Du wirst von der Gesamtheit erfüllt – die Fülle.

Was Du festhalten willst, ist immer unendlich wenig verglichen mit dem, was Dir beim Loslassen zur Verfügung steht.

ALLES IST GUT

Alles ist gut so, wie es ist. Alles, was existiert, ist gut. Sonst würde es nicht existieren. Das Universum hat sich in seiner Gesamtheit erschaffen, alles gehört dazu.

Du bist erschaffen, Du gehörst zur Gesamtheit. Es gibt Dich. Alles an Dir gehört dazu. Du bist gut so, wie Du bist. Es gibt Dich, und das ist gut. Sonst würdest Du nicht existieren.

In Dir zeigt und erfährt sich Das Universum. Du bist ein Abbild des Universums, nach seinem Ebenbild erschaffen. In Deinem Ursprung bist Du Alles. Du hast Deinen Ursprung in der unendlichen Leere.

Das Universum liebt sich selbst in Dir. Du bestehst aus der Substanz der reinen Liebe.

Deine Trennung als „Ich" von der „restlichen Welt" ist Illusion. Du bist Eins mit allem.

STERBEN -
DIE SCHALLMAUER

Je näher die Auflösung kommt, desto mehr will der Verstand festhalten. Es ist wie bei Einsteins Relativitätstheorie: Je näher ein Körper der Lichtgeschwindigkeit kommt, desto größer wird seine Masse. Kurz vor der Lichtgeschwindigkeit ist die Masse unendlich groß, so dass die Lichtgeschwindigkeit quasi nicht erreicht werden kann.

Genau so hält der Verstand immer stärker an Raum, Zeit und anderen Gewohnheiten fest, je mehr sich die Illusion der Trennung auflöst. Der Verstand tut das aus gutem Grund.

Er hat Todesangst, will das Ich vor dem Sterben retten und produziert mit all seiner Macht vertraute Bilder seiner gewohnten, verstehbaren Realität. Er versucht das Paradoxe: Er will die Auflösung der Illusion als Illusion darstellen.

Dabei kann der Mensch verrückt werden. Eine Zeit lang lebt er in zwei Welten. Er hat bereits wahrgenommen, dass die materielle Verstandeswelt Illusion ist, und gleichzeitig ist diese Welt für seinen Verstand realer als je zuvor.

Es gilt, auch das aufzulösen. Zuerst löst sich das Ich vom Verstand. Es kann liebevoll annehmen, dass der Verstand aus Liebe so panisch reagiert. Das ist die Funktion des Verstandes, seine Aufgabe, dafür ist er da, er erledigt seinen Job.

Das Ich kann das beobachten, ohne beteiligt zu sein.

Durch das unbeteiligte Beobachten löst sich das Ich vom Verstand.

Und nach einiger Zeit hört auch der Beobachter auf, sich als eine Identität zu sehen. Auch er löst sich auf, und dann ist nur noch Nichts / Alles, das sich selbst wahrnimmt.

Anfangs kann das in Wellen geschehen, wenn der Verstand ab und zu noch die Oberhand gewinnt.

Die wahrnehmende Bewusstheit nimmt immer mehr auch das wahr und lässt los.

Jetzt ist die Verwirrung, der Schmerz, der Widerstand vorbei, jetzt ist die Lichtge-schwindigkeit erreicht. Die Masse hat sich in Licht verwandelt.

WAS IST LIEBE?

Liebe fließt, Liebe verteilt sich. Liebe ist nicht greifbar. Liebe ist ständig neu. Liebe ist unendlicher Überfluss. Liebe ist alles, Liebe ist das Universum, das sich an sich selbst verschenkt, das in einer immer währenden Explosion entsteht, vergeht und wieder entsteht. Liebe ist die Natur des Universums.

Liebe hat nichts damit zu tun, etwas zu bekommen, ein Geschäft mit Leistung und Gegenleistung abzuschließen. Liebe kann nicht festgehalten oder in kontrollierter Dosis auf ein bestimmtes Ziel ausgeschüttet werden.

Sie ist immer und überall im Überfluss vorhanden und durchdringt alles. Sie ist das, woraus alles besteht.

Es gibt keine Grenze für die Liebe. Sie ist nicht in einer bestimmten, erschöpfbaren, endlichen Menge da, sondern sie ist unend-lich.

Ein offenes Herz ist wie eine Quelle. Es empfängt fortwährend von innen und verteilt fortwährend nach außen. Nur dass die Herzensquelle in alle Richtungen funktioniert, fortwährend wird von überall empfangen und verteilt. Alles in der Nähe dieser Quelle wird von Liebe genährt.

In der Welt der Trennung ist die Nahrung, die die Liebe bietet, die Erinnerung an den Ursprung, in dem es keine Trennung gibt.

Ein Mensch mit einem offenen Herzen erkennt alles als Eins und nimmt es an. Denn es ist ja aus der gleichen Substanz wie er selbst. In allem, was er liebt, liebt er sich selbst, denn er ist das Universum.

Alles andere sind Konstrukte des Verstandes, überlieferte Verhaltensmuster. So genannte Liebesbeweise haben nichts mit Liebe zu tun, denn die Liebe ist so offensichtlich, dass der Wunsch nach einem Beweis lediglich beweist, dass sie nicht wahrgenommen wird. Sie ist immer da, überall, hier, jetzt. Das ist ihre Natur.

ES GIBT NICHTS ZU TUN

Was die Menschen tun, ist dies: Sie wehren sich gegen das, was ist. Das ist ihr ganzes Tun.

Viele Schritte werden gegangen, um das zu ändern, was ist. Viele Gedanken werden gedacht mit Wünschen, die das ändern wollen, was ist.

Alles ist gut und richtig so, wie es ist. Es braucht kein Tun oder Handeln. Nicht-Handeln ist die Natur des Universums. Es fließt, nichts ist zu tun.

Ein handelndes Ich erzeugt Störungen und Wirbel in der Strömung. Das Leben pulsiert von selbst wie Ebbe und Flut, es muss nicht angestoßen werden. In der Welt der Trennung ziehen sich die getrennten Teile gegenseitig an, um wieder Eins zu werden, das ist die einzig wahrhaftige Bewegung, und sie geschieht von selbst.

Die in der Welt der Trennung lebenden Wesen wehren sich deshalb gegen alles, weil sie bei der Erschaffung dieser Welt den Auftrag erhalten haben, getrennt zu leben. Der natürliche Fluss der Ur-Energie führt sie wieder zusammen, und dagegen wehren sie sich, um ihren Auftrag zu erfüllen. Es ist also vollkommen in Ordnung, dass sie das tun.

Das erwachte Wesen bricht aus diesem Auftrag aus und tut nichts mehr, also folgt es seiner Natur, der Natur des Universums, und ist wieder Eins mit Allem.

Du kannst das Nicht-Handeln üben. Du kannst mit einer Handlung wieder in Deinen ursprünglichen Zustand des Nicht-Handelns zurück kommen. Übe das urteilslose Beobachten. Übe das Sein ohne Willen. Egal wo Du bist, es geht überall: Fühle, was jetzt gerade ist. Was fühlst Du? Was nimmst Du wahr? Lass Dich für eine halbe Minute oder länger in die Wahrnehmung fallen. Immer wenn Gedanken kommen, lass sie kommen und gehen und wende Dich wieder der Wahrnehmung zu.

Es tritt ein Effekt ein: Je mehr Du diese Übung machst, desto mehr geschehen Dir glückliche Umstände. Weil Du im Fluss bist. Wenn Du nicht handelst, hat das Universum Gelegenheit, Dich mit unend-licher Liebe zu füllen.

Du fragst: Soll ich jetzt aufhören, morgens aufzustehen und zur Arbeit zu gehen? Nein. Mach einfach weiter und übe das urteilslose Wahrnehmen. Übe es, während Du tust, was Du tust. Und dann verändert sich etwas.

Du hörst immer mehr auf Dein Inneres, Deine Intuition. Deine geübte erweiterte Wahrnehmungsfähigkeit hört immer öfter auf die innere Stimme, den Ursprung, den Klang des Universums. Die innere Stimme sagt Dir vielleicht „geh nicht dort hin" oder „geh hier lang". Du lernst mit der Zeit, diese Stimme von der Stimme Deines Willens zu unterscheiden. Dein Wille hat viele chaotisch durcheinander lärmende Stimmen. Die innere Stimme ist klar, rein und still.

Während Du das Hören auf die innere Stimme übst, erfährst Du, was sie Dir mitteilt. Immer mehr gehst Du nur auf Anstoß dieser Stimme. Das ist kein eigenes Handeln mehr. Das ist fließen mit dem, was ist. Übe es beim Handeln: Wenn Du etwas tust, höre nach innen – sagt die Stimme Ja oder Nein?

Lass Dir Zeit. Mach einfach weiter. Und genieße dankbar die immer reichlicheren Früchte in Form von glücklichen Zufällen.

Erlebe die Rückschläge und fang wieder an, mach einfach weiter. Nimm die Liebe wahr, die in allem fließt.

LICHT
UND DUNKELHEIT

Dunkel ist das, was sich vom Licht abgewandt hat. Je weiter es weg ist, desto dunkler ist es. Je größer das Dunkel, desto mehr erhält es Anziehungskraft und Identität.

Diese Identität möchte weiter existieren und sorgt deshalb dafür, dass das Dunkel nach Möglichkeit immer größer wird.

Das Dunkel besiegt also nicht das Licht, sondern es trennt sich vom Licht.

Das Licht existiert davon ungestört, und da es vom Licht unendlich viel gibt, hat es ebenfalls Anziehungskraft und Identität. Die Identität ist Göttliche Bewusstheit, Liebe, die Schöpfungskraft, die Quelle allen Seins. Dort hin kommt alles zurück.

Denn wenn das Dunkel weit genug weg und groß genug geworden ist, wirken die Kräfte, die es durch Wachstum am Leben erhalten wollen, selbstzerstörerisch. Und dann gewinnen wieder die Anteile an Kraft, die zum Licht zurück wollen.

Das Licht ist ewig. Es hat Geduld, bis das Getrennte wieder zurück kommt. Dem Dunkel wird vergeben, und es wird durch Liebe geheilt, durch Licht erleuchtet.

Den Teilen, die sich in aller Wahrhaftigkeit wieder dem Licht zuwenden, sendet das Licht einen gezielten Leitstrahl. So ist es möglich, auch gegen die dunkle Anziehungskraft wieder zurück zu kommen.

Aus der dunklen Enklave zum Licht

Alle Menschen sind mehr oder weniger vom Licht entfernt. Das hat den Zweck, die Materie zu durchdringen. Das Universum erlebt sich selbst in Existenz des Menschen. Es erlebt die Materie.

Doch die Berufung des Menschen ist es, zurück zum Licht zu kommen.

Die Dunkelheit bildet Enklaven, in denen bestimmte Erfahrungen gemacht werden können. Das ganze Leben eines Menschen, meistens aber nur Teilbereiche davon, können in einer dunklen Enklave Statt finden.

Wenn für Dich der Moment kommt, da Du Dich wieder dem Licht zuwendest, dann wünschst Du Dir, Du könntest die gesamte Dich umgebende Enklave mitnehmen. Das ist nicht möglich.

Nur für den einzelnen Menschen kommt die Erkenntnis, sich wieder dem Licht zuzuwenden.

Wenn dieser Moment da ist und der Leitstrahl des Lichts kommt, um Dir zu helfen, dann fühlt sich die dunkle Enklave bedroht. Denn im Licht würde sie vergehen. Also versucht sie, Dich zurückzuhalten. Plötzlich häufen sich die Hindernisse. Die Gier der Dunkelheit will sich Deine Energie wieder ganz einverleiben.

Du hast nun drei Möglichkeiten:

1) Vom Licht enttäuscht sein und Dich davon abwenden, weil es die Machenschaften der Dunkelheit nicht für Dich aus dem Weg räumt. Also drehst Du eine weitere dunkle Runde.

Oder 2) Mit den dunklen Kräften kommunizieren und versuchen, sie zu überzeugen. Dadurch gewinnen sie jedoch Macht über Dich.

Oder 3) Ganz in Dir zentriert bleiben und die Hinwendung zum Licht beibehalten. Dich nicht mit den dunklen Hindernissen beschäftigen. Diese werden dann allerdings zunächst noch wütender. Diese Zeit wird schwer und erfordert tiefes Vertrauen ins Licht. Aber dann sorgt der Leitstrahl des Lichts dafür, dass Du Glück hast. Je näher Du wieder dem Licht kommst, desto mehr gute Zufälle und Fügungen geschenen. Engel helfen Dir.

Du wirst dann auch Menschen zurück lassen, die noch im Dunkel bleiben wollen. Das erzeugt zunächst Abschieds- schmerz und Einsamkeit, aber Du erkennst, dass die Nähe zu diesen Menschen Illusion war. Denn im Dunkel herrscht die Trennung vor, die durch Ersatz nur scheinbar kompensiert wird. Es gibt einen Moment, da fühlt sich die Lösung vom Dunkel an, als ob Du in einen Abgrund springst. Aber in dem Moment, wo Du springst, fangen Dich Engel auf.

Das bedingungslose Vertrauen für den Sprung ist Voraussetzung, ab dann beginnt Dich die Glückseligkeit zu erfüllen. Dann verschwindet die Einsam- keit und es kommt wahrhaftige Göttliche Liebe. Dann verschwindet die Illusion und es kommt die Wahrheit.

Durch Meditation bereitest Du Dich vor.

In Meditation tust Du den Sprung.

In Meditation findest Du zum Licht zurück.

SICH DEM LICHT
HINGEBEN

Stell Dir eine einzelne Kerze in einem dunklen, großen Raum vor. Je weiter Du Dich von der Kerze entfernst, desto dunkler wird es. Aber von überall im Raum kannst Du entweder die Flamme selbst oder ihren Schein sehen. Die Flamme ist im Vergleich zum Raum sehr klein, aber trotzdem dominiert sie ihn.

Die Flamme verwandelt Materie in Energie. Sie kann sehr lange brennen – bis das ganze Wachs aufgebraucht ist.

Beim Göttlichen Licht ist es ähnlich und doch anders. Das Göttliche Feuer verwandelt sich selbst in sich selbst. Es brennt ewig und vergeht nicht, denn es stirbt ständig und wird ständig neu geboren. Es ist ständige Verwandlung. Es gewinnt seine Energie aus eben diesem Vorgang. Deshalb ist unendlich viel Licht vorhanden.

Das Göttliche Licht ist Göttliche Bewusstheit. Es verschenkt sich unendlich.

Auch das Göttliche Licht kannst Du von überall aus sehen, egal wie weit Du im

33

Dunkel bist. Es dominiert nicht nur den Raum, sondern die gesamte Existenz. Du bestehst aus diesem Licht. Materie ist eine Illusion aus Kraftfeldern. Zum Licht zurück kehren bedeutet, bewusst zu werden. Es gibt Bewusstheit, die weit über das hinaus geht, was Du Dir vorstellen kannst.

Je mehr Du zum Licht zurück kehrst, desto weniger sammelst Du an, denn im Licht wird alles immer sofort wieder in Licht verwandelt. Auch Schmerz sammelt sich dann nicht mehr an.

Das Licht hat Anziehungskraft. Du schwebst zwischen der Anziehungskraft der Dunkelheit und der Anziehungskraft des Lichts. Die Dunkelheit nährt ihre Kraft aus Deinen Zweifeln, Ängsten und Widerständen.

Diese inneren Dämonen sind nicht durch den Verstand besiegbar. Im Gegenteil: Der Verstand stärkt sie, denn er kann sich nicht hingeben und vertrauen. Hingabe und Vertrauen jedoch sind der Schlüssel zur Bewusstheit, zur Erleuchtung.

Wenn das Licht Dir einen Leitstrahl schickt, kannst Du Durch Hingabe und Vertrauen überraschend schnell zum Licht kommen.

Die damit einhergehenden Erkenntnisse kann sich der Verstand nicht erarbeiten, sondern sie können ihm nur geschenkt werden.

Durch Meditation kannst Du Hingabe und Vertrauen üben.

Wenn Du im richtigen Umfeld meditierst, erkennt Dein System, dass es dem Licht vertrauen und sich ihm hingeben kann.

SCHMERZ – DEINE
DUNKLE SEITE

Als duales Wesen erlebst Du das, was Dir geschieht, als angenehm oder unangenehm.

Als unbewusster Säugling, ohne in Verstand und Körper gespeicherte Hindernisse, transformierst Du Deinen Schmerz und Deine Freude sofort. Kurze Zeit später ist nichts mehr übrig davon. Aber Du tust das alles unbewusst.

Später werden in deinem Verstand und in Deinem Körper Regeln installiert, die für gesellschaftliches Zusammensein hilfreich sind. Allerdings behindern sie Deine Fähigkeit zur Transformation.

Aus zwei Gründen beginnst Du, Schmerz zu sameln:

1) Weil Du keine gesellschaftlichen Sanktionen erleben willst, indem Du laut weinst oder herumbrüllst, wenn Dich jemand beleidigt hat.

2) Weil Du glaubst, der Schmerz würde verschwinden, wenn Du ihn ignorierst – also unterdrückst. Er wird von Dir als unangenehm wahrgenommen – also weg damit.

Sobald Du Schmerz erlebst, läuft ein Automatismus in Dir an, der Dich kurzzeitig narkotisiert und den Schmerz „für spätere Betrachtung" in ein „Schmerz-Lager" einquartiert. Dort bleibt er, und er wird mit jeder „Lieferung" größer.

Und je größer der Schmerz wird, desto mehr entwickelt er körperähnliche Eigenschaften. Er entwickelt Masse und damit auch Anziehungskraft. Er entwickelt wie alles Existierende ein Ego, das weiter existieren will. Um weiter zu existieren, braucht der Schmerz Energie – Deine Energie, und zwar auf drei Arten:

1) Was da als Schmerz-Lager gespeichert ist, sind abgespaltene Anteile Deiner selbst, die Dir nicht mehr als Kraft zur Verfügung stehen. Das Schmerz-Lager ist also ungenutztes Potenzial.

2) Um sich zu erleben, braucht der Schmerz Deine Emotionen. Also sorgt er dafür, dass Du ihn immer wieder fühlst. Durch Musik, Gerüche, Worte, Erinnerungen wird er geweckt und rührt sich, und Du fühltst ihn. Das heißt, Du wirst „grundlos" melancholisch oder aggressiv.

3) Der Schmerz möchte wachsen, und dazu nutzt er seine Anziehungskraft. Er zieht neuen Schmerz an.Du erlebst also

vermehrt Schmerzhaftes, je größer Dein Schmerz-Lager ist. Ein Teufelskreis.

Und der Schmerz suggeriert Dir, er sei Bestandteil Deiner Persönlichkeit. So empfindest Du ihn nicht als fremd, sondern Du integrierst das Schmerz-Ego in Dein eigenes Ego. So kann Dich der Schmerz dazu bringen, selbst Schmerz-Erlebnisse zu suchen – und das Schmerz-Lager erquickt und nährt sich von Deinen energiereichen Emotionen.

Der Schmerz verhält sich wie die Dunkelheit. Die Dunkelheit ist ein Teil der Existenz, der sich vom Licht entfernt hat. Der Schmerz ist ein Teil von Dir, der von Dir abgespalten ist. Der Schmerz ist Deine dunkle Seite.

Wie kommst Du aus diesem Teufelskreis heraus? Wie kannst Du Dein gesamtes Potenzial wieder positiv nutzen? Wie kannst Du Deine abgespaltenen Anteile wieder nach Hause holen?

Indem Du sie beleuchtest.

Wo Licht hinkommt, gibt es keine Dunkelheit. Vom Licht berührte Dunkelheit wird transformiert, verbrannt, wieder in Licht verwandelt, wieder in die Gesamtheit integriert.

Wie kannst Du Dein Schmerz-Lager beleuchten?

Indem Du es wahrnimmst.

Indem Du die dort gespeicherten Emotionen zulässt und als Dein Eigen annimmst. Das, was dort gespeichert ist, muss nicht noch einmal komplett erlebt werden, aber es mus erinnert und bewusst gefühlt werden. Dein System hat den Schmerz „für spätere Betrachtung" eingelagert – jetzt ist der richtige Zeitpunkt, immer jetzt.

Wie kannst Du den Schmerz bewusst wahrnehmen und fühlen?

Dafür gibt es Methoden. Am Anfang steht deine Entscheidung. Dann kommt die Psychotherapie. Dann – oder bereits begleitend – kommt die Meditation.

Du kannst also frei und erlöst werden und all Deine Energie wieder zur Verfügung haben. Es ist viel leichter als Du befürchtest. Nur Dein Ja, Deine Wahrhaftigkeit, deine Präsenz sind nötig.

SICH DER LIEBE
OFFENBAREN

Du kannst die Sonne nicht mit Erde bewerfen, denn die Erde fällt nur auf Dich zurück. Selbst wenn Du die Sonne treffen könntest – die geworfene Erde würde verbrennen, lange bevor sie die Sonne erreichte.

Du kannst das Licht nicht verdunkeln, denn angesichts des Lichtes vergeht die Dunkelheit.

Du kannst einen Engel nicht in menschliche Konflikte verwickeln, denn ein Engel ist nicht menschlich. Er besteht aus reiner, körperloser Liebe.

Du kannst einen erwachten Menschen nicht behindern, denn was er in seinem Zustand wahrnimmt, kann nicht mehr verleugnet werden. Ein erwachter Mensch hat wesentlich mehr Einfluss auf Dich als Du auf ihn. Deine Dunkelheit erhellt sich in seinem Licht. Du aber kannst sein Licht nicht vermindern.

Wenn Du im Zusammensein mit einem erwachten und erleuchteten Menschen Deine Dunkelheit vor Dir selbst und vor ihm offenbarst, dann geschieht Heilung. Dann wirst Du von der göttlichen Liebe durchdrungen. Dann veränderst Du Dich – sanft, aber gründlich.

Also zögere nicht, sondern trau Dich. Schäme Dich nicht Deiner dunklen Seiten. Mute Dich dem Licht zu! Gib Dich hin. Öffne Dich in demütiger Ergebenheit der Liebe.

Nur erinnere Dich an eines: Diese göttliche Liebe ist anders, als Du erwartest. Auch wenn Du glaubst, erwartungslos zu sein, wirst Du immer wieder überrascht sein.

Die göttliche Liebe verschenkt sich in unendlichem Überfluss. Sie ist immer da. Sie bindet sich niemals, denn sie ist absolute Freiheit. Sie ist immer JETZT. Sie kennt keine Vergangenheit und keine Zukunft, da sie nicht in Raum und Zeit ist. Sie erfasst Dich immer als Ganzes. Was vorher war, spielt keine Rolle, es sei denn, es ist noch in Dir enthalten und behindert Dich.

Die göttliche Liebe löst auf. Sie ist ständige Verwandlung, ständiger Fluss. Du kannst sie nicht halten oder fordern, sondern sie nur dankbar empfangen. Wenn Du sie zwingen willst, verbrennst Du Dich. Wenn Du in ihr badest, bist Du glückselig. Bade darin! Spring! Tauche ein!

Mehr von Anand I. Ehring:

ANDONAH

Roman, 364 Seiten,
Taschenbuch

ISBN:
978-3-8370-6329-5

Sirith ist Eins mit dem Wald und fühlt eine tiefe Verbundenheit zur Natur und zu allem, was die Mutter der Welt erschaffen hat. Doch was hat der Traum zu bedeuten, der sie immer wieder verfolgt? Wer ist sie? Woher kommt sie? Und warum fühlt sie so eine seltsame Anziehung zu dem jungen Han? Als sich dieser Schleier schließlich lüftet und sie sich an ihre unglaubliche Herkunft aus einer anderen Welt und an ihren wahren Namen erinnert, gerät ihr gesamtes Leben durcheinander. Gemeinsam mit Athon begibt sie sich auf eine tragische und doch auch beglückende Reise, die sie zu ungeahnten Orten führt.

Mehr von Anand I. Ehring:

Meditationsmusik

Jeder CD ist eine detaillierte Erläuterung zur Meditation beigefügt. Die Meditationen sind von Musik geführt, welche die jeweilig gewünschte Wirkung unterstützt.

Treten Sie in Kontakt mit Anand I. Ehring!

Anand I. Ehring bietet regelmäßige Meditationsgruppen, Wochenenden und Einzelsitzungen an. In ihren Vorträgen spricht sie über die Leichtigkeit, mit der die menschliche Erfüllung erreicht werden kann.

Wer über einen längeren Zeitraum in dem lichtvollen Feld um Anand meditiert, kann sich langsam unwiderruflich verändern. Es ist ein Wagnis, ein leiser und sanfter kollossaler Durchbruch zur eigenen Freiheit, zur eigenen ursprünglichen vollkommenen Form.

Ein immer größer werdender Kreis von Suchenden findet hier, was dem eigenen innersten Kern längst bekannt ist: Alles ist gut. Die Liebe des Lichts ist in unendlicher Fülle vorhanden und kennt keine Grenze. Alles Existierende hat Zugang dazu, denn alles Existierende besteht aus diesem Licht. Der Mensch braucht sich nur daran zu erinnern!

Mehr Information:

www.anand-ehring.de

meditation@anand-ehring.de